Haikuja luonnon ja mielen poluilta
Haikus from the Paths of Nature and Mind

Pirkko Inkeri Tamminen

© 2023 Pirkko Inkeri Tamminen

Haikuja luonnon ja mielen poluilta
Haikus from the Paths of Nature and Mind

Käännökset suomesta englanniksi
Translations from Finnish to English

Taitto: Joonas Teeriaho, Kristiina Teeriaho
Page layout: Joonas Teeriaho and Kristiina Teeriaho

Kannet ja suunnittelu: Kristiina Teeriaho
Covers and planning: Kristiina Teeriaho
Kuvitus: Pirkko Inkeri Tamminen
Illustration: Pirkko Inkeri Tamminen

Kustantaja: BoD – Books on Demand, Helsinki, Suomi
Valmistaja: BoD – Books on Demand, Norderstedt, Saksa

ISBN: 978-952-31-8970-6

Pirkon haikuset
elämän koko kirjo
laidasta laitaan.

Haikus from Pirkko
some moments of life
from Nature and mind.

Kuu illan kultaa
päivä valssia tanssii
tammikuun pakkasissa.

Moon shine evening gold
dancing waltz in the day light
in the winter frosts.

Talot temppelit
katot timanttisina
suojaa kruunupäät.

Houses, hut, temples
in glittering diamond roofs
shelter queens and kings.

Lumen timantit
kaihoisin mielin loistaa
kivet sormuksen.

Diamonds of the snow
shining in wishes and hopes
the stones in the ring.

Lapsen rallatus
leikkiauaton kyytiä
kuulokkeet päässä.

Joyful toddler sings
feet speeding up the toy car
muffs make us laugh.

Pakkanen puree
villasukat pehmeät
poski punoittaa.

A frost is biting
woolen socks so soft warming
cheeks turning real red.

Lapsenlapsikin
runoa ja räppiä
hassuja piirtää.

Even a grandchild can
create poems and rap art
draws funny pictures.

Tuijotan tyhjän
pääkoppani sisälle
ja mietin unta:

I am staring me
empty head without ideas
thinking of the dream:

´En voi nähdä sua`
hän katoaa vilinään
arvoitus kiusaa.

´I cannot see you`
she disappears in traffic
no explanation.

Nyt peurapaisti
vedet kielelle kirpoo
mukaan puolukkaa.

Deer roast a gourmet
getting waters on your tongue
with lingonberries.

Lunta jo viskoo
kaksi päivää, vetenä
kolme on liikaa.

Snow storming two days
turning wet for three more days
seems to be too much.

Nauravat naamat
pipot silmillä kulkee
kansa kylmissään.

Look at laughing face
eyes under protecting wool
all feeling cold.

Yön pimeydessä
hiljaisuuden kohina
aamuinen laulu.

In darkness of night
silence is a humming sound
song in the morning.

Jokien vedet
lohet ui vastavirtaan
karhu syö saaliin.

Waters of rivers
salmons are swimming upstream
the bears catch and eat.

Kedon kukkaset
kauneus, tuoksu huumaava
lämpö väreilee.

Flowers in the fields
beauty, scent so fabulous
warmth is flickering.

Satu metsässä
kukkakirjo kukoistaa
keijut tanssivat.

A forest wonders
a variety of blossoms
with dancing fairies.

Kun päivä herää
lapsi syliin: 'I love you'
tähdet lentävät.

First thing of the day
toddler hugs and: 'I love you'
the sky fell on me.

Armas ystävä
laulu kaikaa luoksesi
linnun sävelin.

All my dearest friends
hear the songs in wind and air
in tinkle tones of birds.

Hiihtolomille
sukset, monot ja pulkat
iloiset mielet.

For skiing holiday
we will take skis, boots and sled
with smiling faces.

Ihana mummo
verannalla katseli
nautti myrskystä.

My old grandmother
on porch under a planchet
enjoyed the thunder.

Usvaan katoaa
harmaa peittelee saaret
lokit kirkuvat.

The foggy weather
now surrounding the islands.
Seagulls are shrieking.

Lapset ja leikit
hymyt sekä halailut
sydän syrjällään.

Look at the kids and plays
smily faces and huggings
my heart is singing.

Pakkanen lauhtui
lumituisku peitti jäljet.
avainkin löytyi.

The frost subsided
the blizzard covered footprints
good luck: keys were found.

Lapset yökylään
Uuno-pelit ja leikit
voittaja hurraa.

Children came over night
playing with the Uuno-cards
winner is cheering.

´Lapset leikkivät
koulussa on mukavaa.
*Nuoria riittää.`**

´Children are playing
it is great and nice in school.
Enough with youngsters.'*

* Tämä haiku on Madisonin, koululainen
* This haiku by Madison, the schoolgirl

Oi, muuttohaukka
kuin pulu istuu puussa
ihailun ihme.

Peregrine falcon
sitting like a dove in tree
my admiration.

Aurinko hellii
kalpean pronssiseksi
metsä suhisee.

The sunshine lady
is turning from pale to bronze
the forest whizzing.

Ken meitä vahtii?
tapittaa silmin pyörein
pensas piilottaa.

Who is staring us?
With wide open white big eyes
hiding in the bush.

Puhelin väsyi
lataukset lopahtivat
ostoksille siis.

iPhone got tired
loading all night – just empty
so new phone needed.

Puhelun aikaan
käsi piirtää itsekseen:
syntyy grafiikkaa.

During the phone call
hand is drawing on its own:
creating graphics.

Tulipa sauna
taivaalta laskeutui
ihmetys suuri.

The Sauna appears
from the sky it descended
in awe we looked.

Nykyisin monet
ihmiset valittavat,
linnut laulavat.

Nowadays people
are complaining about all:
birds keep on singing.

Runot ja kuvat
rakkauden luomat
sydän laulakoon.

Poems and collages
created by heart and love
a day for singing.

Runot tulevat
uniin ja vanha rouva
voittaa kilpailun.

Poems pop into
the dreams and the old lady
wins the contest.

Ei ole ennen
lentokenttä tarjonnut
Macellan maistui.

Not ever before
have I been offered whiskey
by Berlin Airport.

Kesä-terassi
Park-Caféssa avattu
armas aurinko.

A summer terrace
is opened at Park-Café
the sweet, sweet sunshine.

Valkea aamu
kaikki aistit heräävät
kevät hapuilee

A clear bright morning
all senses are awakened,
the spring almost here.

Kesä-aika nyt
siirtää kellot eteenpäin
tunti katosi.

Summer season now
moves clocks with one hour further
is there a winner?

Unkari tänään
Suomi-Natoäänestys
joko onnistuu?

Hungary today
voting Finland to Nato
will it now succeed?

Saksassa lakko
S-Bahn, lentoja peruttu
Finnair Berliiniin.

Strike In Germany
S-Bahn, several flights cancelled
Finnair to Berlin.

Uuniperuna
Napoleon leivokset
aloittaa juhlan.

Oven baked potato
Napoleon fancy cakes
starts the fiesta.

*Illalla Nokka **
kotimaan spesiaalit
juhlava ilta.

Evening in Nokka *
speciality gourmet
a perfect day.

* Nokka on ravintola Helsingissä,
Nokka is a restaurant in Helsinki.

Nyt pääsiäisen
viettoon, pajunkissoja
helmikukkasin.

Easter holiday
with silver willow kittens
and ´rocaille`flowers.

Sulava lumi
siivekäs lisko, aave
pälvinäkyjä.

In a melting snow
Dinosaurus and a ghost
Nature images.

Vaellusretkellä
Pohjolan erämailla
sain taidetaulun.

Nice trekking trip
in the Northern wilderness
present of art piece.

Onhan etäisyys
maaginen ulottuvuus
lähelle, kauas.

A distance sure is
a magical dimension
near and far away.

Sanaton kaipuu,
jota ojennettu käsi
jää odottamaan.

A speechless longing
with an outstretched open palm
silent prayers in heart.

Hyinen itätuuli
kävely Hernesaareen
fregatit täällä.

In a cold Easter wind
walking to Hernesaari
see frigates' visit.

Langat ja solmut
napein kauniit kasvot
ommel koristaa.

Woven Softy threads
buttons create nice portrait
stitches decorate.

Sain hienon lahjan
Traversees – runokirjan
mieli ilahtuu.

A postman came with
new Traversees' poem booklet
I feel so happy.

Anna Puolasta
kuvat torilla, Suomi:
'elämän onni.'

Anna from Poland
with paintings from Helsinki:
'Finland happy life.'

Miljoonaan pussiin
Suomi kerää roskia
luonto kiittää.

One million garbage
bags will be filled up by Finns
Nature says thank you.

Keväinen sää on
lämmin ja petollinen
meri hyinen.

Weather in spring
warm and duplicity
the sea cold as ice.

Ystävän sanat
myötätunnon osoitus
kyynel vierähtää

A friend giving
words of golden empathy
- tears of happiness.

Matkaamme Kotkaan
voimistelu kilpailut
Onnea tytöt!

Visiting Kotka
gymnastics competion
well, good luck wishes!

Matkan varrella
suuret, punaiset kivet
katsojan ilot.

On the highway side
painted big stones in bright red
colors to enjoy.

Joukkueen tulos
kauden paras saavutus
siis onnittelut.

The team results
best position of season
thumbs up with smiley faces.

Ilmaiskuja
Ukrainaan, talot rikki
moni menehtyy.

In nightly shellings
to Ukrainian cities
many people get killed.

Kaivopuistossa
jo aikaisin aamulla
valkolakkeja.

Kaivopuisto hill
from very early morning
white cap people gather.

Vappu Suomessa
toukokuun ensimmäinen
riehakas juhla.

A carneval in Finland
all workers and students, too
first of May, free day.

Vappumarsseja
puheita, ilmapallot,
ihmisten riemut.

May day traditions
marching, speeches, and balloons, too.
Joyous groups of people.

Retuperällä
kaikki nuotit väärinpäin.
Oodi naiselle.

Retuperä-band
all notes wrong, student singers,
an ode for women.

Puisto tyhjeni
sade yllätti kaikki
juhlat loppuivat.

The park is empty
the sun is out, rain comes in
party is over.

Kävely kaksin
hyisenä lauantaina
virkistää mielen.

Walking together
in a windy Saturday
refreshing the mind.

Fasaanikukot
kaksin, naaraat hautovat
oksien suojassa.

Male pheasants stepping
females still nesting under
safe branches of spruce.

Luontokin herää
hiipuvat pohjoistuulet
linnut saapuvat.

The Nature awakes
when Northern winds turn to South
the birds will arrive.

Kukkaisniitystä
hän hurmioituu täysin
tuoksukin leijuu.

Out of summer field
he drinks the honey
dancing in the scent.

Toukokuun yössä
monet linnut laulavat,
jäin kuuntelemaan.

At night in May month,
many birds are singing
I started to listen.

Vihreät nurmikot
kirsikkapuu jo kukkii
on luonnon rauhaa.

Greening lawns of city hill
cherry tree now in full bloom
peace in spring Nature.

Naapuripiha:
kukkaloisto, ja kyyhkyt
kuhertelevat.

Neighboring garden
colorful flower splendor,
see pigeons cooing.

Vappu Suomessa
toukokuun ensimmäinen
riehakas juhla.

A carneval in Finland
all workers and students, too
first of May, free day.

Toukokuun sade
arka, hellä kuin rakkaan
ensi kosketus.

The rain in May month
is sweet, tender as the first
touch of a lover.

Sateesta jäivät
helminauhat ikkunaan
pian haihtuvat.

Lovely drops of rain
form of a pearly necklace
soon evaporates

Ikkunalasiin
on jäänyt ilmakupla
on kuin perhonen.

In the window glass
a small error of air bubble
shape of a butterfly.

Käki kukkuu jo
sulkekaa pesäpöntöt
oi pikkulinnut!

When you hear cuckoo
time to shut doors to the nests
oy, dear, dear little birds.

Aiemmin hyppi
kaksi oravaa puissa
nyt leikkii yksin.

Earlier there were two
jumping squirrels in the trees
now playing alone.

Aamun hämärä
peurat kuin harmaat aaveet
puutarhan tuho.

In morning darkness
a herd of deers like grey ghosts
garden's destruction.

Yön turvin saapuu
saapuu kettu, joka rääkäisee
ja pois jolkottaa.

Trusting in the dark
arrives a fox with snarting
and then off he goes.

Jos muuttolintu
olisin, pois lentäisin
paluu peruttu.

Migratory bird
if I were, would fly away
with no returning.

Kuninkaan vaunut
kultaiset kuin aurinko
kyytiin ei pääse.

The King's chariot
as golden as the sunshine
you cannot hop in.

Uusi kuningas
Kaarle kolmas saa kruunun
Englanti juhlii.

A new quiet king
Charles the third, head of the Crown
England celebrates.

On raikas aamu,
lintunen ikkunalla
kurkistaa sisään.

It is fresh morning
an early bird on windowsill
peeking through the glass.

Öinen valoisuus
mahdotonta nukkua
pimennys tarpeen.

Light in summer nights
impossible to get some sleep
black out curtains help.

Suihkulähteestä
vesipisarat ilmaan
sumuna maahan.

From fountain high up
water jets multi branches
falling down in mist.

Jo kirjosieppo
valtasi pesäpöntön
ajoi tintin pois.

A cunning little bird
took over nest box in oak
titmouse had to leave.

Sammakon kutu
ojissa pian nuijapäät
kohta loikkivat.

Frogs spawn fill ditches
soon turning into tadpoles
later tiny frogs.

Jo kuiva heinä
rapisee, sisilisko
piiloon pujahtaa.

In midst of dry hay
crispy sound of the lizard
seek and hide – too quick.

Jo mullan alta
yllätyksiä versoo;
ruusu tervehtii.

Already from soil
one surprise shooting up
little rose greets the world.

Ilmassa leijuu
sata sateenvarjoa
Mary Poppinsko?

Hanging in the air
hundreds lovely umbrellas
Mary Poppins there?

Junan ikkuna
heijastaa vanhan naisen
olenko, katson?

In a Subway train
tiny woman in window
reflection of me?

Ampiainen jäi
ikkunaruudun väliin
ei tietä ulos.

A wasp in between
the double window glasses trapped
cannot find way out.

Metsärinteessä
kielot vier' vieressä
huumaava tuoksu.

Lilies of the valley
covering a forest hill
a charming fragrans.

Tuulinen päivä,
aurinko, silti kylmää
sireeni kukkii.

A windy day with
sun and yet not warming up
lilacs are blooming.

Koulu jo loppui
illalla juhlahumu
uneton talo.

School work is finished
young ones are having fiesta
at home sleepless people.

Leppäkerttunen
ruusun kirvat evääksi
ilmainen lounas.

Lady bug having
a tasty lunch of rose lice
thanking for free lunch.

On jo liljakukot
vallanneet liljan nuput
karkotus uhkaa.

Rusty lily bugs
eating and destroying buds
they will be expelled.

Siniperhonen
istahtaa polvelleni
älä lennä pois.

A blue butterfly
is seated on my right knee
please don´t fly away.

Kaupan robotti
yksinäinen kulkija
joku odottaa.

Robot of a food store
alone travelling the streets
someone is waiting.

Nokikolari
musta kuin viime yön myrsky,
taas uusi päivä.

Chimney, chimney sweep
black as last night´s coming storm,
a new day breaks through.

Mehevät vatut
minun ja kurjen herkku
siis tapasimme.

Tasty raspberries
a treat for me and crane, too
there we met by chance.

Kurki ja minä
shokki: vieras puskasta
valtavat siivet.

The crane as well me
got scared, me of his long wings
it: a stranger from bush.

Silmät ummessa
näen kuviot, jotka
valve kadottaa.

When the eyes are closed
I can see the images
hidden from awake.

Maaseuden rauha
kuorsaava mies, itikat
Kuka vain nukkuu?

Country house in Noux
man snores, mosquitos annoy
who can fall asleep?

Ketulla pesä
keskellä kaupunkia
puput pian piiloon!

Fox having a nest
in the middle of the city
bunnies better hide.

Naapuri kertoi
varas vei polkupyörän
siis laita lukkoon!

A neighbor has told
thief had taken the bicycle
a lock to secure.

Lampeen heijastuu
sininen kesätaivas
sorsat uimassa.

Reflection on pond
creation of summer skies
the ducks are swimming.

Nuuksion luonto:
peurat, hirvi ja jänis
voi vain ihailla.

Wildlife Zoo in Noux
two deers, a moose and a hare
no need for ticket.

Varjojen leikit
muuttuvat kasvot, kuvat
hetken kestoiset.

The games of shadows
changing faces, images
only for a moment.

Linnulla pesä
tikkaiden yläpäässä
pian poikaset.

A little bird nesting
on top of the high ladders
a new generation.

Kallion koloon
linnuille vesiallas
jo sieppo kylpee.

A pool of water
for birds to refresh and drink
one flew already.

Linnun poikanen
lennähti ikkunalle
emo ruokkii sen.

A birdie sitting
on windowsill, open mouth
mama comes and feeds.

Perhosen lento
haavan välkkyvät lehdet
yhteinen rytmi.

Aspens' flickering
leaves and dancing butterfly
in unison rhythm.

Cumulus-pilvi
kuin sadun jättiläinen
vyöryy taivaalle.

Cumulus cloud like
white giant of fairy tale
filling the blue sky.

Kesäinen meri
taivaan pastellit sävyt
hiljainen lumous.

Finnish summer Golf
pastel colors of the sky
quiet enchantment.

Tuuli lennättää
koivun keltaiset lehdet
ei vielä syksy.

There is wind flying
yellow leaves of the birch trees
not Autumn time, yet.

Pilvet haihtuvat
lokki nappasi muikun
*aurinko nousi. *2*

The clouds are fleeing
seagull stole a tiny fish
rising sun saw it. * 2

Huoneesta kuuluu
vain hiljaista rapinaa
joku kirjoittaa.

In the room you hear
only rustling of paper
someone is writing.

Kello on viisi
linnut viestivät omiaan
uni ei tule.

It is five o'clock
birds singing morning concert
sleep is flying free.

* 2 Tämä Haiku on Madisonin, koululainen
* 2 This Haiku is by Madison, schoolgirl

Vasen korva soi
armaaniko mielessä
suloinen kaipuu.

The left ear ringing
my love perhaps thinks of me
how sweet, sweet idea.

Metsän kätkössä
kuulee puron solinan
hongan huminan.

Hidden by forest
one can hear a babbling stream
pinewood whispering.

On hypittävä
mättäältä taas toiselle
tai jalka kastuu.

You keep on jumping
on mossy rot not to fall
into deep swamp holes.

Matka peruuntui
ystävätapaaminen
seuraavaan kertaan.

A trip was cancelled
to meet girlfriends of childhood
postponed for later.

Sammakon huoli:
puuttuu vesilammikot
on vain kuivuutta.

A frog is worrying
no water pools to jump in
there is only draught.

Täysi Super kuu
kelmeä tai oranssi
siinä on taikaa.

Be the full moon pale
maybe of color orange
there is the magic.

Haluan kiittää erityisesti seuraavia henkilöitä:

Seppo: kaikesta tukemisesta

Madison: hauskoista hetkistä haikuja kirjoittaessamme

Pierre Ranskasta: ideasta julkaista haikukirja

I want specially to give my thanks to:

Seppo: for all the support

Madison: for wonderful moments of writing haikus together

Pierre in France: for the idea of publishing this haiku book

Pirkko Inkeri Tamminen
syntynyt Jyväskylässä, born in Jyväskylä
asuu Helsingissä, living in Helsinki